Kritische Erörterungen

aus dem Gebiete des Handelsregisters und der rechtlichen Organisation der Aktiengesellschaften.

Von

Geh. Justizrat Dr. Herman Veit Simon,
Rechtsanwalt am Kammergericht und Notar zu Berlin.

Berlin 1914.

J. GUTTENTAG, Verlagsbuchhandlung,
G. m. b. H.

Sonderabdruck aus der Festgabe für Rießer. 1913.

Mit dieser Abhandlung stelle ich eine Reihe von Fragen zur öffentlichen Erörterung, die sich mir im Laufe langjähriger praktischer Tätigkeit aufgedrängt haben.

Die wirtschaftliche Entwickelung des Aktienwesens, wie sie insbesondere in der Konzentration der Großbanken und der großindustriellen Gesellschaften in den letzten Jahrzehnten beobachtet wurde, hat rechtliche Zustände gezeitigt, die auf die Dauer nicht haltbar erscheinen. Es handelt sich dabei zum Teil um Unzulänglichkeiten, die den maßgebenden gesetzlichen Bestimmungen ohnehin anhafteten und durch die Entwicklung unseres Wirtschaftslebens nur augenfällig wurden.

Wenn aus den Kreisen der wirtschaftlichen Interessenten und der Juristen bisher der Ruf nach Reform nicht ergangen ist, so beweist dies nichts gegen die Reformbedürftigkeit. Man sucht sich eben schlecht und recht mit den bestehenden Verhältnissen abzufinden und macht sich zumeist nicht darüber Gedanken, ob nicht alles einfacher, besser und billiger abgewickelt werden könnte.

Der Ruf nach Vereinfachung und Verbilligung der Verwaltung ist überdies ein allgemeiner und hat ja in Preußen bereits zur Einsetzung einer Immediatkommission geführt. Durch die nachstehenden Vorschläge wird namentlich auch eine Vereinfachung und Verbilligung rechtlicher Einrichtungen bezweckt.

I.

Die Zeichnung von Unterschriften zur Aufbewahrung bei dem Handelsregister.

§ 14 HGB. bestimmt:

> „Wer verpflichtet ist, eine Anmeldung, eine Zeichnung der Unterschrift oder eine Einreichung von Schriftstücken zum Handelsregister vorzunehmen, ist hierzu durch Ordnungsstrafen anzuhalten."

Das Gesetz unterscheidet also drei verschiedene Pflichten, die dem Handelsregister gegenüber zu erfüllen sind. Außer den zur Eintragung in das Handelsregister erforderlichen Erklärungen und außer den im Interesse der öffentlichen Ordnung dem Gericht einzureichenden Schriftstücken und Drucksachen besteht noch eine selbständige Verpflichtung zur Zeichnung von Unterschriften. Diese Zeichnungspflicht trifft solche Personen welche eine Firma nach außen zu vertreten haben. Die Art und Weise, wie die Zeichnung erfolgen soll, ist so kraus im Gesetz bestimmt, daß selbst einem unserer hervorragendsten Kommentatoren bei der Darlegung der Art, wie die Zeichnung zum Handelsregister zu erfolgen hat, ein Irrtum unterlaufen ist. Es sollen nämlich zeichnen:

1. der Einzelkaufmann die Firma ohne seine persönliche Unterschrift (§ 29 HGB.),
2. der vertretungsberechtigte Gesellschafter einer offenen Handelsgesellschaft die Firma nebst seiner Namensunterschrift (§ 108),
3. der vertretungsberechtigte persönlich haftende Gesellschafter einer einfachen Kommanditgesellschaft die Firma nebst seiner Namensunterschrift (§ 161 Abs. 2),
4. die Liquidatoren einer offenen Handelsgesellschaft oder einer einfachen Kommanditgesellschaft die Firma nebst ihrer Namensunterschrift (§§ 148 Abs. 3, 161 Abs. 2),
5. die Mitglieder des Vorstandes einer Aktiengesellschaft lediglich ihre persönliche Namensunterschrift ohne Firma (§ 195 Abs. 4),
6. die Liquidatoren einer Aktiengesellschaft die Firma nebst der Namensunterschrift (§ 196 Abs. 4),
7. die persönlich haftenden Gesellschafter und Liquidatoren einer Kommanditgesellschaft auf Aktien die Firma nebst ihrer Namensunterschrift (§ 320),

8. die Mitglieder des Vorstands einer juristischen Person nur ihre Namensunterschrift ohne Firma (§ 35),
9. die Geschäftsführer einer G. m. b. H. nur ihre Namensunterschrift ohne Firma (§ 8 Abs. 2 GmbHG.),
10. die Liquidatoren einer G. m. b. H. die Firma mit ihrer Namensunterschrift (§ 67 GmbHG.),
11. die Mitglieder des Vorstandes einer Erwerbs- und Wirtschaftsgenossenschaft ihre persönliche Unterschrift ohne Firma (§ 11 GenG.),
12. die Liquidatoren einer Genossenschaft gleichfalls nur ihre persönliche Unterschrift ohne Firma (§ 84 Abs. 3 GenG.),
13. die Prokuristen aller Einzelkaufleute, Handelsgesellschaften und juristischen Personen die Firma und ihre Namensunterschrift (§ 51 HGB.).

Wie man sieht, kommen alle Arten von Zeichnungen vor. Die einen sollen nur die Firma zeichnen, die anderen nur ihre Namen, die dritten Namen und Firma. Weshalb z. B. die Zeichnung bei der Aktiengesellschaft und der G. m. b. H. verschieden geordnet ist für die Vorstandsmitglieder und Geschäftsführer einerseits und für die Liquidatoren und Prokuristen andererseits, wird auch dem Scharfsinnigsten verborgen bleiben. Bei der offenen Handelsgesellschaft zeichnet in der Praxis niemals ein Gesellschafter etwas anderes als lediglich die Firma, sofern nicht etwa nach dem Gesellschaftsvertrage die Unterschrift von mehreren Gesellschaftern erforderlich ist; trotzdem soll jeder Gesellschafter die Firma mit seinem Namen zeichnen, also in einer Form, in der er sie praktisch niemals zeichnet. Der Prokurist muß auch in den Fällen die Firma mitzeichnen, in denen Vorstand, Geschäftsführer usw. die Firma nicht zu zeichnen brauchen.

Die komplizierte und verschiedenartige Ordnung des Zeichnungswesens führt denn auch in der Praxis dazu, daß nicht selten formale Fehler vorkommen und daß dann energische Verfügungen seitens der Gerichte an die Notare wegen solcher grober Rechtsverstöße ergehen.

Die Zeichnung der Firma wird überdies von den Gerichten als etwas besonders Feierliches behandelt. Das Kammergericht hatte in der Entscheidung vom 8. Dezember 1902[1]) entsprechend der vor dem

[1]) RJA. 3, 192.

1. Januar 1900 herrschenden Praxis es für ausreichend erachtet, wenn die im Handelsgesetzbuch vorgeschriebene Zeichnung der Firma oder der Namensunterschrift vor dem Notar anerkannt ist. Das Oberlandesgericht Dresden hatte sich in einer Entscheidung vom 1. März 1901 auf den Standpunkt gestellt, daß die Zeichnung selbst vor dem Notar persönlich erfolgen müsse. und daß die Anerkennung der Zeichnung vor dem Notar nicht genüge[2]). In einer bei dem Oberlandesgericht Karlsruhe anhängigen Registersache wollte dieses Gericht von der Entscheidung des Kammergerichts abgehen, und so kam dann diese hochwichtige Frage vor das Reichsgericht. Das Reichsgericht gelangte trotz der Bestimmung in § 183 Abs. 1 FG., wonach die notarielle Beglaubigung erfolgen darf, wenn die Unterschrift in Gegenwart des Notars vollzogen oder anerkannt wird, zu der Entscheidung, daß hier nur die Vollziehung vor dem Notar ausreicht. Zur Begründung führt das Reichsgericht an[3]):

> „Hier dient die Zeichnung nicht zur rechtsgeschäftlichen Genehmigung einer „Erklärung", sondern sie wird um ihrer selbst willen abgegeben. Das Bild der Unterschrift, wie sie entsteht, wenn der Zeichnende sie persönlich bewirkt, soll zu dauernder Aufbewahrung geschaffen werden."

Welchen Sinn oder welchen Zweck haben denn nun aber die gesetzlichen Vorschriften über die Zeichnung der Unterschrift einer Person, einer Firma, oder beider? Die Antwort kann nur lauten: gar keinen. Die gesamten Vorschriften sind völlig sinn- und zwecklos.

Länger als ein Menschenalter bin ich jetzt in der Rechtspraxis tätig und besonders auch mit Angelegenheiten des Handelsregisters befaßt. Während all dieser Jahre habe ich noch keinen einzigen Fall erlebt, in welchem die vom Gesetz geforderte Zeichnung zu irgendeinem Zwecke gebraucht worden ist. Seit längerer Zeit befrage ich auch andere praktische Juristen darüber; noch niemals konnte mir jemand einen Fall anführen, in dem sich herausgestellt hätte, daß die Zeichnung der Unterschrift zur Aufbewahrung bei Gericht irgendeinen praktischen Zweck gehabt hat. Das Kammergericht meint zwar

---

[2]) Annalen des Sächs. OLG. Dresden, Bd. 22, 657.

[3]) RGZ. 54, 172.

in einer späteren Entscheidung vom 24. September 1908[4]): die Vorschrift bezwecke, den Beteiligten eine möglichst sichere Unterlage für die im Handelsverkehr häufig erforderliche Prüfung der Echtheit von Unterschriften zu gewähren. Indessen glaube ich auf Grund meiner Erfahrungen behaupten zu dürfen, daß eine solche Prüfung niemals erfolgt. Mindestens geschieht es so selten, daß der tägliche Aufwand an Zeit und Kosten im Deutschen Reich in keinem auch nur annähernden Verhältnis zum Erfolg steht. Der Verkehr ist ein viel zu gewaltiger für derartige Nachforschungen im Handelsregister. In denjenigen Fällen, in denen eine Vergleichung der Unterschrift erforderlich ist, lassen die in Betracht kommenden Interessenten sich von dem Firmeninhaber die Originalunterschrift behufs Vergleichung kommen. Dies gilt insbesondere von der Reichsbank und von den Banken, die Schecks, Akkreditive und dergleichen einzulösen haben. Nach dem Handelsregister könnten sie nicht schicken.

Es wird nicht erforderlich sein, geschichtlich näher zu untersuchen, wie die eingangs gedachte Bestimmung in das Handelsgesetzbuch hineingekommen ist. In Preußen hatten wir

— §§ 504, 505 II 8 ALR. —

die Bestimmung, daß die Firma oder Unterschrift, deren sich der Disponent bedienen soll, unter dessen Handschrift dem Korrespondenten mitgeteilt, und auf der Börse, wo aber keine Börse ist, auf dem Gericht, verwahrlich niedergelegt werden soll. Dagegen waren für den Firmeninhaber ähnliche Bestimmungen nicht gegeben.

Vorschriften über die Zeichnung von Unterschriften finden sich nur in den Ländern, die auf dem deutschen HGB. aufgebaut sind, wie in der Schweiz und Ungarn. In allen anderen Ländern, auch wo ein Handelsregister, wie z. B. in Spanien, besteht, kennt man eine Zeichnung nicht. Es geht auch so.

Die völlig überflüssigen Zeichnungen haben in der Praxis viel Schwierigkeiten hervorgerufen. Eine Vollmacht zur Zeichnung zum Handelsregister kann nicht erteilt werden. Es ist sowohl streitig, was geschehen soll, wenn der zur Zeichnung Verpflichtete infolge einer Krankheit oder eines sonstigen körperlichen Gebrechens nicht in der Lage ist, die Zeichnung vorzunehmen, als auch, was geschehen soll,

---

4) RJA. 9, 246.

wenn ein schreibunkundiger zur Vertretung der Firma berechtigter Geschäftsinhaber vorhanden ist[5]).

Ist die Zeichnung der Firma, der Namensunterschrift usw. überflüssig, so ist sie schädlich. Sie belastet unnötig das Publikum, die Gerichte und die Notare. Hören alle diese Zeichnungsvorschriften auf, so wird dadurch lediglich unnötiges Schreibwerk vermieden, während irgendwelche schutzbedürftigen Interessen dadurch nicht verletzt werden.

II.

Die Eintragungen bei dem Registergericht der Zweigniederlassungen.

Nach § 13 HGB. sind die Eintragungen im Handelsregister und die hierzu erforderlichen Anmeldungen und Zeichnungen von Unterschriften sowie die sonst vorgeschriebenen Einrichtungen zum Handelsregister bei jedem Registergericht, in dessen Bezirk der Inhaber der Firma eine Zweigniederlassung besitzt, in gleicher Weise wie bei dem Gericht der Hauptniederlassung zu bewirken. Bei Aktiengesellschaften ist bestimmt, daß die Anmeldung der Gesellschaft zur Eintragung in das Handelsregister und die Eintragung der Erhöhung lediglich auf Antrag des Vorstandes zu bewirken ist; auch im übrigen sind die Vorschriften über die Eintragung bei der Zweigniederlassung gegenüber den Vorschriften über die Anträge bei der Hauptniederlassung etwas vereinfacht. (§§ 201, 286 HGB.)

Auch die Prokuristen müssen bei den Zweigniederlassungen eingetragen werden. Die Ernennung besonderer Prokuristen für Zweigniederlassungen ist nur dann gestattet, wenn für die Zweigniederlassung der Firma ein Zusatz beigefügt ist, der sie als Zweigniederlassung der Firma bezeichnet. (§ 50 Abs. 3.)

Die Eintragung beim Gericht der Zweigniederlassung findet erst statt, wenn die Eintragung beim Gericht der Hauptniederlassung geschehen ist. (§ 13 Abs. 2.)

Anderseits ist für den Geschäftsverkehr mit der Zweigniederlassung die Eintragung beim Gericht der Zweigniederlassung maßgebend. (§ 15 Abs. 3).

Der Registerrichter der Zweigniederlassung hat für alle bei ihm beantragten Eintragungen und Löschungen ein selbständiges Prüfungs-

[5]) Vgl. über diese Streitfragen Staub § 12 Anm. 4; Makower § 12 Anm. III, Goldmann § 12 Anm. 3 und 4, Düringer-Hachenburg § 14 Anm. 12; Brand § 12 Anm. 1b.

recht und eine selbständige Prüfungspflicht[6]). Da der Registerrichter der Zweigniederlassung erst eintragen darf, wenn die Eintragung bei der Hauptniederlassung erfolgt ist, so ergibt sich daraus allerdings, daß er gar nicht in die Lage kommen kann, eine Eintragung zu bewirken, wenn der Registerrichter der Hauptniederlassung einen Eintragungsantrag für unbegründet hält. Wenn dagegen der Registerrichter der Zweigniederlassung eine von dem Registerrichter der Hauptniederlassung verfügte Eintragung für ungerechtfertigt erachtet, so muß er seinerseits die Eintragung ablehnen. Zweckmäßig wird er dann dem Registerrichter der Hauptniederlassung von seiner Entscheidung Nachricht geben. Eine Rechtspflicht hierfür besteht aber nicht. Verbleibt der Registerrichter der Hauptniederlassung bei seiner Auffassung, so kann der Firmeninhaber bei der Zweigniederlassung eine Eintragung nicht durchsetzen, die er bei dem Gericht der Hauptniederlassung erhalten hat. Eine Lösung dieser Widersprüche kennt das Gesetz nicht.

Welche unnötige Zeit und Arbeit wird hier aufgewandt! Es gibt Großbanken, die jetzt an die 30 Zweigniederlassungen in Deutschland haben. Mir ist eine offene Handelsgesellschaft bekannt, die 80 Zweigniederlassungen, eine G. m. b. H., die gegen 90 Zweigniederlassungen besitzt. Jeder Registerrichter muß das Material wieder neu prüfen. Es kommt gar nicht so selten vor, daß in derartigen Fällen der Registerrichter der Zweigniederlassung beanstandet, was der Registerrichter der Hauptniederlassung eingetragen hat. Daß dieselben Rechtsvorgänge von gleichgeordneten Gerichten so oft geprüft werden, wie der Firmeninhaber Niederlassungen hat, ist eine durch keinen gesetzgeberischen Grund gerechtfertigte Verschwendung gerichtlicher Arbeitskraft. Genügt es bei einer Gesellschaft von 100 Millionen Mark Kapital, die keine Zweigniederlassungen hat, daß lediglich e i n Amtsgericht die Voraussetzungen für Eintragungen in das Handelsregister prüft, so wird dies bei einer Gesellschaft von 20 000 M. Kapital mit 10 Zweigniederlassungen auch genügen. Die selbständige Prüfung der Gerichte der Zweigniederlassung ist überflüssig.

Ist dies aber richtig, so steht nichts im Wege, die Anmeldung bei den Zweigniederlassungen überhaupt in Fortfall kommen zu lassen.

---

6) Staub-Bondi § 13, Anm. 8 in Übereinstimmung mit Entsch. des Kammergerichts in OLG. 4 S. 453 und 10 S. 232, Brand § 13 Nr. 4, Makower § 13 II c 4. A. M. Lehmann-Ring zu § 13 Nr. 10, Denzler, die Stellung der Filiale, S. 188.

Abschriften der Eintragungen bei dem Gericht der Hauptniederlassung müssen ja jetzt schon infolge der Bestimmungen des § 13 Abs. 2 dem Gericht der Zweigniederlassung eingereicht werden, bevor die Zweigniederlassung eingetragen werden kann, und es muß daher das Gericht der Hauptniederlassung so viel Ausfertigungen oder beglaubigte Abschriften der Eintragung gewähren, als Zweigniederlassungen vorhanden sind. Es würde daher den Geschäftsgang nur vereinfachen, wenn der Firmeninhaber dem Gericht der Hauptniederlassung von der Begründung der Zweigniederlassung Kenntnis gibt, und das Gericht der Hauptniederlassung dann dem Gericht der Zweigniederlassung unmittelbar beglaubigte Abschrift der für die erste Eintragung der Zweigniederlassung und auch weiterhin erforderlichen Eintragungen übersendet. Würde z. B. bei einer Aktiengesellschaft ein neues Vorstandsmitglied eintreten, so würden die Gerichte der Zweigniederlassungen vom Gericht der Hauptniederlassung eine unmittelbare Nachricht erhalten, worauf dann die Eintragung auch im Handelsregister der Zweigniederlassungen stattzufinden hätte. Eine derartige Regelung würde eine erhebliche Vereinfachung des Verfahrens für die Gerichte bedeuten, zumal man, wenn das Gericht der Zweigniederlassung keine materielle Prüfungspflicht mehr hat, die Erledigung der nunmehr rein formalen Geschäften des Gerichts der Zweigniederlassung getrost dem Gerichtsschreiber überlassen könnte.

Ein noch erheblicherer Vorteil würde sich hierdurch für die Parteien ergeben. Zunächst könnten die Eintragungsgebühren der Gerichte bei den Zweigniederlassungen entsprechend deren geminderter Tätigkeit erheblich herabgesetzt werden. Dann würden aber die Notariats- und die Stempelkosten für alle die Anträge auf Eintragungen in das Handelsregeister vollständig fortfallen.

Um ein Bild davon zu geben, um welche Beträge es sich hierbei handelt, mögen zwei Beispiele unter Zugrundelegung der in Preußen erwachsenden Kosten angeführt werden:

1. Eine Großbank mit einem Kapital von 100 Millionen Mark erhöht ihr Grundkapital um 20 Millionen Mark und meldet die Erhöhung bei 25 Gerichten der Zweigniederlassungen an:
   a) Gebühren der Eintragung bei den Gerichten der Zweigniederlassungen einschließlich des Pausch satzes nach §§ 72, 73 Absatz 1 des Preuß.

Gerichtskostengesetzes vom 25. VII. 1910 je 320 M. . . . . 8000 M. — Pf.

b) Gebühren des Notars für Entwurf und Beglaubigung der 25 Anträge einschließlich des Pauschsatzes, wenn man den verhältnismäßigen Anteil jeder Zweigniederlassung an dem erhöhten Grundkapital gemäß § 40 PrGKG. auf durchschnittlich 500 000 M. annimmt, je 115 M. 50 Pf. . . . . . . 2887 M. 50 Pf.

c) Stempelkosten für die Unterschriftsbeglaubigungen 25×3 M. . . . . 75 M. — Pf.

Summa 10962 M. 50 Pf.

Würde man künftig in solchem Falle lediglich dem Gerichte der Hauptniederlassung aufgeben, die Eintragungen dem Gericht der Zweigniederlassung mitzuteilen, so würden die Kosten zu b) und c) vollständig wegfallen und die Gerichtskosten zu a) könnten entsprechend der verminderten Tätigkeit mindestens auf die Hälfte herabgesetzt werden.

2. Ernennung eines neuen Geschäftsführeres bei einer G. m. b. H. von 200 000 M. Kapital, die 80 Zweigniederlassungen hat:

Der Wert einer solchen Anmeldung ist nach § 23 PrGKG., soweit die Notariatskosten in Betracht kommen, schätzungsweise zu bestimmen und wird in einem solchen Falle unter Berücksichtigung des Umstandes, daß das Jahresgehalt eines solchen Geschäftsführers doch wenigstens 5000 M. betragen soll, wohl auf 20 000 M. angenommen werden können. Die gerichtlichen Eintragungskosten einer solchen Zweigniederlassung richten sich gemäß §§ 73, 72 N 3 b, 72 N 1 b PrGKG. nach der Gewerbesteuerklasse, in welche der Betrieb gehört; der Kostensatz würde bei einer solchen Gesellschaft etwa auf 45 M. anzunehmen sein. Unter diesen Voraussetzungen würden betragen:

a) die Kosten der Eintragung 80×45 M. . 3600 M. — Pf.

b) Notariatskosten einschließlich der Pauschgebühr 80×23 M. 10 Pf. . . . . 1840 M. 80 Pf.

c) Stempel zur Unterschriftsbeglaubigung 80×3 M. . . . . 240 M. — Pf.

Summa 5680 M. 80 Pf.

Auch hier würden bei Annahme meiner Vorschläge die Kosten zu b) und c) vollständig fortfallen, während die Kosten zu a) sich um die Hälfte ermäßigen könnten.

Das Publikum würde hiernach auch einen erheblichen Vorteil durch die Kostenersparnis haben. Seine Vorteile würden aber noch erheblich größere sein. Denn es würden die großen Schreibereien und Scherereien in Fortfall kommen, die bei jeder Aenderung in der Zusammensetzung des Vorstandes, bei Ernennung von Prokuristen, bei Änderung der Gesellschaftsverträge u. s. f. jetzt erforderlich sind.

Besonders lästig ist die Eintragung von Zweigniederlassungen alter Aktiengesellschaften in das Handelsregister. Denn nach der Auffassung des Kammergerichts genügt es nicht, daß ein Exemplar des Gesellschaftsvertrages mit einem Vermerk des Registergerichts eingereicht wird, inhalts dessen dieser Gesellschaftsvertrag zurzeit in Kraft ist. Vielmehr müssen alle Urkunden über die Errichtung der Gesellschaft und die Abänderung des ursprünglichen Gesellschaftsvertrages mit Nachweis der Eintragung bei der Hauptniederlassung bei dem Gericht der neuen Zweigniederlassung eingereicht werden[7]; der Registerrichter der Zweigniederlassung hat dann die Eintragung nachzuprüfen, was vielleicht bei einer Gesellschaft, die vor sechzig Jahren gegründet ist, mit Rücksicht auf die fünf in Betracht kommenden Rechte (vor dem ADHGB., ADHGB., Novelle von 1870, Gesetz von 1884, HGB.) recht schwierig ist, wenn die Aufgabe ernst genommen wird. Nur wenn die Gesellschaft einmal ein vollständig neues Statut angenommen hat, gestattet das Kammergericht — vielleicht an sich nicht ganz folgerichtig, aber jedenfalls zweckmäßigerweise —, daß der Registerrichter der Zweigniederlassung auf ältere Urkunden nicht zurückgeht.

III.

Zentralhandelsregister für Aktiengesellschaften und Kommanditgesellschaften auf Aktien.

Unsere Warenzeichen wurden früher bei den einzelnen Amtsgerichten geführt; nur für die Warenzeichen der Ausländer fand eine Zentralisierung in Leipzig statt. Mit der Dezentralisierung hat man üble

---

[7]) Vgl. Entscheidung. des Kammergerichts vom 9. November 1913 bei Johow XXVI A 225.

Erfahrungen gemacht. In der Begründung zum Gesetzentwurf zum Schutz der Warenzeichen[8]) heißt es:

„Die Erfahrung hat aber gezeigt, daß in der Behandlung der mannigfachen, mit der Anmeldung, Eintragung und Löschung von Zeichen zusammenhängenden, vielfach in das Gebiet weitreichender und internationaler Handelsinteressen übergreifenden Fragen die örtlichen Gerichte nicht immer die geeignete Stelle sind, und daß eine einheitliche und gleichmäßige Praxis, wie solche namentlich für die Zwecke des internationalen Geschäftsverkehrs notwendig erscheint, nur schwer sich herausbilden kann, wenn die Entscheidung in der Hand zahlreicher, in einer gemeinsamen Spitze nicht vereinter Lokalbehörden beruht.''

Diese Erwägungen sind im wesentlichen auch für das Handelsregister der Aktiengesellschaften und Kommanditgesellschaften auf Aktien zutreffend und müssen zu dem gleichen Schluß führen.

Trotz des gegen die Entscheidungen der Registerrichter gegebenen Instanzenzuges fehlt es in Wirklichkeit an einer einheitlichen Behandlung des Registerwesens, namentlich für die Aktiengesellschaften. Es gibt Registerrichter, die sich fast einen Sport daraus machen, Anträge abzulehnen; andere wiederum, die es an einer genaueren Prüfung fehlen lassen. An die höheren Instanzen können nach dem gegenwärtigen Stande der Gesetzgebung, der mir übrigens nicht unbedenklich erscheint, regelmäßig nur solche Fälle kommen, in denen Eintragungen abgelehnt sind.

Äußert der Notar dem beteiligten Publikum gegenüber Bedenken wegen Zulässigkeit dieses oder jenes Antrages, so wird ihm nicht selten erwidert: bei uns wird das eingetragen.

Vom rechtspolitischen Standpunkt aus am schlimmsten wirkt der Umstand, daß die Praxis der einzelnen Gerichte bei Gründung der Aktiengesellschaften bei Erhöhung und Herabsetzung des Grundkapitals zum Teil eine ganz verschiedene ist. Hier sei nur auf einen besonders schwerwiegenden Punkt hingewiesen:

Nach § 186 Abs. 2 HGB. soll im Gesellschaftsvertrage nicht nur

---

[8]) Begründung zum Warenzeichengesetz, Stenographische Berichte 1893—1894 Anlage-Band I, 503.

der Fall geordnet werden, daß gegen Gewährung von Aktien Sacheinlagen gemacht werden; vielmehr soll in allen Fällen, in denen die in der Gründung befindliche Aktiengesellschaft Gegenstände gegen Barzahlung oder sonstige geldwerte Vergütung übernehmen soll, dies auch im Gesellschaftsvertrage nach näherer Bestimmung des Gesetzes zum Ausdruck gebracht werden. Die Prüfung der Gründer und der von der Handelskammer ernannten Revisoren soll sich auf diese Übernahmen erstrecken (§§ 192f. HGB.); auch bei der Anmeldung der Gesellschaft zum Handelsregister sind diese Übernahmen zu berücksichtigen. Die Rechtsprechung nimmt an, daß unter die Bestimmung des § 186 Abs. 2 nicht nur die festen notariellen oder auch nur schriftlich vor der Gründung abgeschlossenen Verträge fallen, sondern daß alle vor der Errichtung der Gesellschaft tatsächlich, wenn auch formlos getroffenen Vereinbarungen im Gesellschaftsvertrage zu berücksichtigen sind, wenn nur zurzeit der Errichtung der Gesellschaft feststeht, daß die neue Aktiengesellschaft gewisse Gegenstände übernehmen soll. Aus dieser Erwägung heraus ist z. B. bei Gründung einer Kleinbahngesellschaft die Aufnahme des wesentlichen Inhalts eines ununterschriebenen Vertragsentwurfs in das Statut verlangt worden, auf Grund dessen die an der Gründung interessierte Baufirma den Bau der Kleinbahn vornehmen sollte[9]).

Mit vollem Recht fragt daher z. B. der Berliner Registerrichter, wenn eine Terrain-Aktiengesellschaft gegen Bareinlagen errichtet wird, regelmäßig zunächst bei dem Vorstand an, ob irgendwelche Vereinbarung wegen zu übernehmender Grundstücke bereits besteht; auf diese Weise wird einer dem Zweck des Gesetzes widersprechenden Eintragung in das Handelsregister vorgebeugt. Anderwärts sind derartige Rückfragen so gut wie unbekannt, und so kommt es, daß zahlreiche Aktiengesellschaften eingetragen werden, ohne daß, wie das Gesetz es erfordert, die zu übernehmenden Gegenstände im Gesellschaftsvertrage verzeichnet sind und die Prüfung des Gründungsherganges auf diese erstreckt wird. Während somit einzelne Registerrichter dem Gesetzeszweck entsprechend eingreifen, erfolgen bei den meisten Amtsgerichten die Eintragungen ohne jede nähere Prüfung nach dieser Richtung.

Schon aus diesen Erwägungen habe ich im Anschluß an eine

[9]) Vgl. Entsch. des Kammergerichts Johow XXV A 87.

Anregung Karl Lehmanns[10]) auf dem Deutschen Juristentage 1912 zunächst für Österreich die Frage angeregt, ob sich nicht eine Zentralisierung des Handelsregisters empfiehlt[11]).

W e n n d i e w i c h t i g s t e n a k t i e n r e c h t l i c h e n B e s t i m m u n g e n n a m e n t l i c h ü b e r d i e G r ü n d u n g i m D e u t s c h e n R e i c h e i n v o l l e m U m f a n g e z u r G e l t u n g k o m m e n s o l l e n, s o m u ß d i e F ü h r u n g d e s H a n d e l s r e g i s t e r s b e i e i n e r Z e n t r a l s t e l l e v e r e i n i g t w e r d e n.

Diese Zentralisierung empfiehlt sich noch aus weiteren Gründen:

Das Deutsche Reich ist mehr und mehr ein einheitliches wirtschaftliches Gebiet geworden. Wer sich in das Handelsregister eintragen läßt, tut dies regelmäßig nicht nur mit Rücksicht auf die Beziehungen zu Mitgliedern seines Gerichtssprengels; die geschäftlichen Beziehungen der Aktiengesellschaften umfassen zumeist das ganze Deutsche Reich und vielfach auch das Ausland. Man wird mit Rücksicht auf die weit verzweigten Unternehmen sogar jetzt annehmen dürfen, daß in den wenigsten Fällen die Angehörigen des eigenen Gerichtssprengels ein überwiegendes Interesse an der Einsicht des Registers haben. Auch aus diesem Grunde empfiehlt sich die Zentralisierung. Materiell würde übrigens bei dieser Gelegenheit auch zu bestimmen sein, daß sich jede Firma einer Aktiengesellschaft oder einer Kommanditgesellschaft auf Aktien von jeder anderen deutschen Firma deutlich unterscheiden muß. Wenn z. B. heute in Köln eine Aktiengesellschaft unter der Firma Allgemeine Elektrizitäts-Gesellschaft errichtet würde, so wäre dies für die bekannte Berliner Firma und für das Publikum kaum weniger störend, als wenn eine Berliner Aktiengesellschaft eine solche Firma annähme. Deutschland bildet eben jetzt einen einheitlichen Wirtschaftssprengel; seine Registerverhältnisse lassen sich nicht mehr in der Weise lokalisieren, wie dies vor fünfzig und vielleicht noch vor fünfzehn Jahren möglich erschien.

Die Zentralisierung würde aber nicht nur die einheitliche Behandlung der Registersachen fördern und den Verkehrsinteressen entsprechen, sondern auch den Geschäftsgang erheblich vereinfachen.

---

[10]) Vgl. Lehmann im Archiv f. civil. Praxis 86, 302f; Recht der Aktiengesellschaften I 301; Gutachten f. d. Deutschen Juristentag 1912, 533.

[11]) — Vgl. Verhandlungen des 31. Deutschen Juristentages III. 440 ff. —

Wo es sich um reine Formalitäten handelt (Eintragung neuer Vorstandsmitglieder, Prokuristen und dergleichen), würde die Erledigung der Registersachen in die Hände mittlerer Beamter (Sekretäre) gelegt werden können, die bei einer Zentralbehörde für die besonderen Zwecke besonders geschult werden könnten. Die Tätigkeit der höheren Beamten könnte auf die Erledigung der wichtigeren Angelegenheiten (Gründung, Erhöhung des Grundkapitals, Herabsetzung, Statutenänderung und dergleichen) beschränkt werden.

Gegen die Entscheidungen der Zentralbehörde würde eine einzige Beschwerde-Instanz entweder (nach dem Vorgang des Patentamts) bei der Zentralbehörde selbst oder bei dem Reichsgericht eingerichtet werden können. Diese eine Beschwerdeinstanz würde an Stelle der jetzigen Gerichte treten, die auf Beschwerden zu entscheiden haben; nämlich der Landgerichte, Oberlandesgerichte und unter Umständen auch des Reichsgerichts.

Die Praxis würde bald eine so einheitliche werden, daß die gegenwärtig häufig vorkommende Frage, ob ein Beschluß eintragsfähig ist, dadurch sich von selbst bald erledigen wird. Auch würde eventuell in das Gesetz eine Bestimmung aufgenommen werden können, wonach die Behörde mit verbindlicher Kraft Auskünfte über die Eintragungsfähigkeit beabsichtigter Beschlüsse zu geben hat. Einzelne Registerrichter geben bereits jetzt verständigerweise solche Auskünfte (so in Berlin), wodurch den Beteiligten und den Gerichten Mühe und den ersteren auch nicht selten Kosten erspart werden; doch sind solche Auskünfte namentlich bei Eintritt eines Feriendezernenten oder Änderung der Besetzung des Gerichts unverbindlich. Andere Registerrichter lehnen solche Auskünfte ab, weil sie „im Gesetz keine Grundlage haben", — eine Auffassung, die der dem Registerrichter obliegenden Verwaltungstätigkeit in keiner Weise gerecht wird.

Eine weitere Vereinfachung würde sich bei Einführung eines Zentralhandelsregisters ohne weiteres daraus ergeben, daß Aktiengesellschaften, die Zweigniederlassungen haben, sich künftig nur noch an dieser einen Stelle eintragen zu lassen brauchen, und daß an dieser einen Stelle alles für sie Erforderliche zu entnehmen ist. Die Kostenersparnis würde dadurch noch größer werden, als dies oben (S. 9) vorgesehen ist.

Endlich würde dadurch eine ganz andere Übersichtlichkeit über die Verhältnisse unserer Aktiengesellschaften und Kommanditgesellschaften auf Aktien ermöglicht werden. In Berlin und anderen Großstädten erscheinen jährlich oder doch periodisch Bücher, die die gesamten Eintragungen in das Handelsregister enthalten. Diese Bücher (Jahrbücher) werden von einer großen Anzahl von Firmen, Notaren, Rechtsanwälten und sonstigen Personen, für welche die Eintragungen von Bedeutung sind, gehalten, weil aus ihnen ohne weiteres das Handelsregistermaterial des Amtsgerichts entnommen werden kann. Wird ein Zentral-Handelsregister für die Aktiengesellschaften und Kommanditgesellschaften auf Aktien geführt, so würde ein entsprechendes Jahrbuch von der Behörde selbst herausgegeben werden können; dadurch würde einem im Verkehr dringend empfundenen für das ganze Deutsche Reich gleichmäßigen Bedürfnis Rechnung getragen werden.

IV.

Vorstand der Zweigniederlassungen von Aktiengesellschaften.

Bei Aktiengesellschaften aller Art, insbesondere bei Banken, ist die Zahl der Zweigniederlassungen fortdauernd im Wachsen. Über die Organisation der Zweigniederlassungen enthält das Gesetz bisher keine Bestimmung. Jede Zweigniederlassung muß eine gewisse Selbständigkeit gegenüber der Hauptniederlassung haben. Diese Selbständigkeit soll sich einerseits in ihrer Organisation zeigen, andererseits auch bei den durch sie betriebenen Geschäften, deren Abschluß der Leiter einer Zweigniederlassung auf Grund eigener Entschließung und nicht nach genau bestimmten Anweisungen der Hauptniederlassung oder von dieser gegebenen Schematen des Vertragsinhalts vornimmt[12]). Daher muß jede Zweigniederlassung einen oder mehrere selbständige Leiter haben, die nach dem natürlichen Lauf der Dinge der Zentrale unterstellt sind. Ausnahmen von der letzteren Regel kommen vor, so z. B. bei der Bank für Handel und Industrie, deren Sitz Darmstadt ist und deren Hauptgeschäft wohl jetzt in der Berliner Zweigniederlassung liegt, die formell nur als Zweigniederlassung eingetragen ist, an deren Spitze aber mehrere ordentliche Vorstandsmitglieder stehen.

Während jede Zweigniederlassung einen Leiter haben muß, kennt das Handelsgesetzbuch einen solchen nicht; im Handelsregister ist für den Leiter einer Zweigniederlassung als solchen kein

---

[12]) Vgl. hierzu neuerlich OLG. Hamburg, 2. Juni 1912 LZ. 1913, S. 86.

Platz[13]). Formell kann die Zweigniederlassung von einzelnen Mitgliedern des Gesellschaftsvorstandes versehen werden, wie dies in den Berliner Zweigniederlassungen der Dresdner Bank und der Bank für Handel und Industrie zu Darmstadt der Fall ist. Regelmäßig wird sie aber geleitet von Prokuristen, Bevollmächtigten oder Beamten. Nach außen pflegen diejenigen, welche die Leiter einer Zweigniederlassung sind, als Direktoren bezeichnet zu werden; in den Zirkularen, Bekanntmachungen und dergleichen wird auch regelmäßig eine dahingehende Mitteilung gemacht[14]).

Sind die sogenannten Direktoren der Zweigniederlassung Prokuristen im Sinne des HGB., so ergibt sich ihre Vertretungsmacht aus dem Gesetz. Sind sie dagegen nur Bevollmächtigte, so ergibt sich ihre Vertretungsmacht an sich aus dem Inhalt der Vollmacht und ergänzend aus § 54 HGB. Der Direktor einer Zweigniederlassung ist daher, wenn ihm nicht Prokura erteilt ist, mangels anderweitiger Vollmacht nur zu solchen Geschäften und Rechtshandlungen ermächtigt, die der Betrieb einer derartigen Zweigniederlassung und die Vornahme der Geschäfte einer derartigen Zweigniederlassung mit sich bringt. Zur Veräußerung oder Belastung von Grundstücken, zur Eingehung von Wechselverbindlichkeiten, zur Aufnahme von Darlehen und zur Prozeßführung ist dagegen der nicht zum Prokuristen bestellte mit Handlungsvollmacht versehene Direktor einer Zweigniederlassung nur befugt, wenn ihm eine solche Befugnis besonders erteilt ist.

Einzelne Banken erteilen den Vorstehern ihrer Zweigniederlassungen besondere Vollmachten, die sich auch ganz oder teilweise auf diejenigen Geschäfte erstrecken, auf die sich nach § 54 Abs. 2 Handlungsvollmachten nicht beziehen.

Im Publikum ist die genannte Beschränkung nicht bekannt. Man wird nicht fehlgehen in der Annahme, daß nach Auffassung des Publikums der Direktor einer Zweigniederlassung zu deren unbeschränkter Vertretung befugt ist. Trotzdem ist dies unrichtig. Auch abgesehen von den Fällen, in denen nach § 54 HGB. Sondervollmacht erforderlich ist, beschränkt sich ja die Vollmacht auf solche Geschäfte, die der Betrieb einer derartigen Zweigniederlassung gewöhnlich mit sich bringt. Außergewöhnliche Geschäfte, die ein solcher Direktor

---

[13]) Entsch. des KG. bei Johow XII, 34.
[14]) Entsch. des RG. vom 8. April 1904, JW. 1904, 298.

einer Zweigniederlassung macht, sind unverbindlich. Wenn z. B. der bevollmächtigte Leiter einer Bankfiliale eine Ladung Steine kauft, so wird dadurch die Bank nicht verpflichtet werden, weil es sich hier um Geschäfte handelt, die der Betrieb einer Bank oder gar einer Zweigniederlassung gewöhnlich nicht mit sich bringen wird. Das Außergewöhnliche kann nicht nur in der Qualität der Geschäfte, sondern auch in der Quantität liegen. Wenn z. B. der bevollmächtigte Vorstand der Bankfiliale in einer kleinen Provinzstadt an eine Berliner Börsenfirma Aufträge zum Ankauf von Wertpapieren gibt, die in die Millionen gehen, so sind das keine Geschäfte, die der Betrieb einer derartigen Zweigniederlassung gewöhnlich mit sich bringt.

Dieser Rechtszustand ist kein erfreulicher und steht im Gegensatz zu der ganzen Tendenz des deutschen Handelsrechts, wonach die nach außen hervortretenden Leiter einer Firma diese Dritten gegenüber tunlichst unbeschränkt verpflichten sollen.

Der jetzige Rechtszustand, wonach es einen Vorstand einer Zweigniederlassung mit klar umschriebener, für Dritte erkennbarer und diesen gegenüber möglichst unbeschränkter Vertretungsmacht nicht gibt, ist aber auch noch aus einem anderen Grunde nicht haltbar.

Die Vorsteher der Zweigniederlassung legen nicht mit Unrecht auf die Bezeichnung „Direktor" Wert; sie haben zum großen Teil kaufmännisch und gesellschaftlich eine Position, die höher als die der Prokuristen ist. Ein nicht geringer Teil der Vorsteher der Zweigniederlassungen besteht aus den früheren Inhabern von Bankgeschäften, die ihr Unternehmen einer auswärtigen Bank verkauft haben und nun als Leiter der Zweigniederlassung der Bank ihr Unternehmen weiterführen. Solche Persönlichkeiten werden es als Herabsetzung empfinden, wenn sie nunmehr Prokuristen werden. Das gleiche gilt von Direktoren einer Bank, die durch Fusion in eine größere Bank aufgeht. Auch diese wollen niemals sich als Prokuristen eintragen lassen. Derartige Persönlichkeiten sind z. B. nicht selten Handelsrichter oder haben sonstige Ehrenämter, die Prokuristen als solchen vorenthalten sind.

Hierdurch entsteht nun eine ganz eigenartige Rechtslage. Die Vorsteher der Zweigniederlassung sind, soweit sie nur Handlungsbevollmächtigte sind, nicht in das Handelsregister eingetragen, weil das Handelsregister keinen Platz für Handlungsbevollmächtigte hat. Die Prokuristen der Zweigniederlassung, die den Vorstehern der

Zweigniederlassung unterstellt sind, werden aber in das Handelsregister eingetragen. Überdies ist mit Rücksicht auf § 54 HGB. die Vertretungsmacht der in das Handelsregister nicht eingetragenen Vorsteher der Filialen regelmäßig geringer als die Vertretungsmacht der ihnen unterstellten Prokuristen, welche letzteren das Unternehmen, abgesehen von der Veräußerung und Belastung von Grundstücken, gemäß §§ 49, 50 HGB. unbeschränkbar zu vertreten befugt sind. Demgemäß findet bei den Zweigniederlassungen einerseits eine vollständige Umkehrung der natürlichen Verhältnisse bezüglich der Vertretungsmacht statt; andererseits gibt das Handelsregister über die Rechtsbeziehungen der Zweigniederlassungen und namentlich ihrer Leiter vielfach keinen ausreichenden Aufschluß, weil gerade die Leiter der Zweigniederlassungen häufig nicht in das Handelsregister eingetragen werden.

Abhilfe ist nötig. Man muß die Möglichkeit schaffen, den Vorstand einer Zweigniederlassung als solchen in das Handelsregister einzutragen. Die Vollmacht dieses Vorstands wird weiter gehen müssen als diejenige der Prokuristen. Es ist anzunehmen, daß dies ohnehin der Verkehrsauffassung entspricht. Wieweit die Vollmacht zu erstrecken ist, wird Sache besonderer Erwägung sein.

V.

Stellvertretende Mitglieder des Vorstands von Aktiengesellschaften.

Einer Klärung bedürfen die Verhältnisse der stellvertretenden Mitglieder des Vorstandes der Aktiengesellschaften.

Die Einrichtung der stellvertretenden Mitglieder des Vorstandes hatte sich durch Übung allmählich praeter legem eingebürgert. Zuerst lehnten die Registerrichter zum Teil die Eintragung ab, weil das Gesetz sie nicht vorsehe. Das jetzige HGB. bestätigt die Übung; es bestimmt überdies in § 242, daß die für die Mitglieder des Vorstandes geltenden Vorschriften auch auf die Stellvertreter Anwendung finden. Die Bedeutung dieser Bestimmung ist aber durchaus zweifelhaft.

Gemeinhin wird gelehrt, daß das stellvertretende Mitglied des Vorstandes eben Vorstandsmitglied ist, und daß die Vorschrift daher ihrem Inhalte nach selbstverständlich sei[15]). Das ist aber durchaus nicht

[15]) Staub HGB. § 242 Anm. 1; Lehmann-Ring 2. Aufl., zu § 242; etwas anders Makower HGB. § 242 Anm. 2 I, II.

der Fall. Denn aus dem Wesen der Stellvertretung ergibt sich, daß der Stellvertreter nur einzutreten hat, wenn die Voraussetzungen vorliegen, unter denen eine Stellvertretung eintreten soll. Wenn z. B. nach § 260 HGB. der Vorstand Bilanz, Gewinn- und Verlustrechnung und einen Geschäftsbericht vorzulegen hat, so wird dieser Anordnung genügt, wenn die ordentlichen Vorstandsmitglieder der Pflicht entsprechen. Für eine Tätigkeit der stellvertretenden Vorstandsmitglieder ist dann kein Raum.

Ob und inwieweit eine Vertretung stattzufinden hat, wird regelmäßig von dem Willen der ordentlichen Vorstandsmitglieder abhängen; vielfach wird auch der Aufsichtsrat bei der Frage der Geschäftsverteilung mitzusprechen haben. Praktisch nehmen in der Hierarchie der Aktiengesellschaft die ordentlichen Vorstandmitglieder die oberste Stellung ein; nach ihnen folgen die stellvertretenden Vorstandsmitglieder, dann die Prokuristen und die sonstigen Bevollmächtigten und Angestellten. In manchen Anstellungsverträgen ist auch ausdrücklich zum Ausdruck gebracht, daß die stellvertretenden Vorstandsmitglieder den Weisungen der ordentlichen Vorstandsmitglieder unterstellt sind. Wo dies nicht der Fall ist, entstehen bisweilen Schwierigkeiten in der Geschäftsführung.

Was die Vertretung nach außen anbetrifft, so ist darüber im Wesentlichen Einigkeit, daß die Legitimation Dritten gegenüber nicht von dem Nachweis des Vertretungsfalles abhängt, daß die Stellvertretung also insoweit nur als Beschränkung nach innen wirkt[16]).

Stellvertretende Vorstandsmitglieder sind, wenn sie als solche handeln, gesetzliche Vertreter. Zweifelhaft ist aber z. B. wiederum, inwieweit sie als Zeugen vernommen werden können. In der Entscheidung des Reichsgerichts vom 30. Juni 1900[17]) wurde die Unzulässigkeit der Vernehmung eines stellvertretenden Mitgliedes des Vorstandes angenommen. Irrig ist aber, wenn diese Entscheidung in der Literatur dafür angeführt wird, daß eine solche Vernehmung schlechthin unzulässig sei. Vielmehr heißt es in der gedachten Entscheidung:

> Aber wenn nun auch dahingestellt bleiben kann, welche Stellung diese stellvertretenden Direktoren im übrigen haben

[16]) RGZ. 24, 82; KGJ. 24 A 196.
[17]) JW. 1900, 622.

und insbesondere, ob sie in aller und jeder Beziehung als gesetzliche Vertreter der Aktiengesellschaft im Sinne der Prozeßordnung zu behandeln sind, so leidet doch letzteres jedenfalls für den hier in Frage stehenden Vorgang nach dem Inhalt des Statuts keinen Zweifel. Es handelt sich hier um eine Handlung, die gerade dieser stellvertretende Direktor in dieser seiner Eigenschaft vorgenommen haben soll . . . . . Das Statut stellt einen stellvertretenden Direktor, mindestens dann, wenn er in solcher Eigenschaft in Tätigkeit getreten ist, den eigentlichen Direktoren gleich, und damit ist von selbst gegeben, daß ein stellvertretender Direktor jedenfalls unter solchen Umständen als gesetzlicher Vertreter der Aktiengesellschaft gelten muß."

Die Entscheidung ist wenig klar. Da ein stellvertretendes Mitglied des Vorstandes nur dann als solches sich zu betätigen hat, wenn der ordentliche Vorstand behindert ist, so braucht es z. B. jedenfalls dann, wenn die zur Vertretung ausreichende Zahl von ordentlichen Vorstandsmitgliedern vorhanden ist, nicht als gesetzlicher Vertreter im Rubrum der Klage aufgeführt zu werden. Er ist also für den ganzen Prozeß unter solchen Umständen nicht gesetzlicher Vertreter. Daher wird grundsätzlich seiner Vernehmung als Zeuge nichts entgegenstehen.

Nach § 239 HGB. hat der Vorstand dafür Sorge zu tragen, daß die erforderlichen Bücher der Gesellschaft geführt werden. Daraus wird geschlossen[18]), daß auch der stellvertretende Vorstand diese Pflicht hat. Dies erscheint in solcher Allgemeinheit nicht zutreffend. Nicht sämtliche Mitglieder des Vorstandes haben nach § 239 für die Buchführung Sorge zu tragen, sondern der Vorstand. Soweit das stellvertretende Mitglied des Vorstandes nicht zur Stellvertretung berufen wird, ist es gar nicht berechtigt, auf die Buchführung Einfluß zu nehmen; daher trifft ihn auch die Verpflichtung aus § 239 nicht schlechthin. Nur wenn ausdrücklich das Gesetz irgendwelche Erfordernisse allen Mitgliedern des Vorstandes auferlegt (wie z. B. bei gewissen Eintragungen in das Handelsregister), wird man allenfalls annehmen können, daß auch die Mitwirkung der stellvertretenden

---

[18]) Staub HGB. § 239 Anm. 2.

Vorstandsmitglieder mit Rücksicht auf die Fassung des § 242 allgemein erforderlich ist.

Die dargelegten Streitfragen lassen eine zusammenfassende Ordnung der Rechte und Pflichten der stellvertretenden Vorstandsmitglieder als dringend wünschenswert erscheinen. Diese sind nicht selten im Zweifel wegen ihrer Verantwortlichkeit und müssen auf der anderen Seite befürchten, bei selbständigem Widerspruch gegen Handlungen der ordentlichen Vorstandsmitglieder den kürzeren zu ziehen.

Die gesetzliche Bestimmung wird dahin zu ändern sein, daß die stellvertretenden Mitglieder des Vorstands die Rechte und Pflichten der Vorstandsmitglieder nur insoweit haben, als sie zur Vertretung berufen sind, dritten Personen gegenüber aber diese Einschränkung keine Wirkung hat.

FSC
www.fsc.org
MIX
Papier | Fördert gute Waldnutzung
FSC® C083411

Kolibri 360 GmbH
Ferdinand-Jühlke-Straße 7
99095 Erfurt, Deutschland
produktsicherheit@kolibri360.de